U0005142

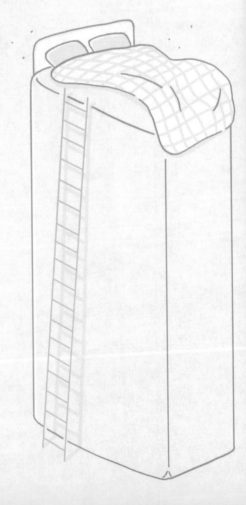

這些溫暖的話用平凡的口吻，
化解長久以來堆積在心上的不安和困惑。
感受生活中的許多小小細節，
練習一些小小的心境轉變，我們都能成為不錯的人吧！

——插畫家　LuckyLuLu

可愛清新的風格，卻描寫著寫實、感傷的心境，
閱讀時被感染了憂傷，但同時也覺得「被理解」。
像一雙溫暖的小手輕輕地擁抱了自己，
是非常具有溫度的一部作品。

——圖文作家　有隻兔子

我想成為不錯的人。

洪和廷　著
曾晏詩　譯

# 雖然　這並　不容易

本書收錄了我2016年至2019年1月1日所寫的日記。

當時我離開首爾,搬到和我沒有淵源的陌生鄉下,這是我睽違十年和爸爸一起生活。我開始接受心理諮商,吃精神科的藥,那時候是我最憂鬱和最無力的時候,有時我覺得我是世界上最棒的人,有時卻極其厭惡自己,把自己弄得傷痕累累。

即使我不想離開自己的床,像隻瀕死的昆蟲般呻吟,我還是會每天在巴掌大的筆記本上寫日記。雖然我會想這有什麼意義,但沒想到不抱任何期待寫下的日記竟然能集結成書,讓我對這本日記抱著既抱歉又感恩的心。

直至今年,我的圖文日記已經進行到第十年,日記是我為自己而寫,所以出書時,我還是很疑惑,究竟這本日記能幫上讀者什麼忙。

不過如果讀者能夠因為這本書領悟到,不管自己處在什麼時期,一切都會過去的;或當他們正感到煎熬時,能想起書裡的一個句子,那麼我就很開心了。

希望這本書能帶給大家這樣的幫助。

2019年初夏,洪和廷

我能成為不錯的人嗎？

第一個箱子

不是難過，
也不是生氣

老家的櫃子上有兩個箱子。

裡面有我十幾歲時的紀錄。

好久沒打開了，

沒想到內容物多到不可思議。

箱子裡

有曾經在強迫和不安中掙扎的我，

也有討厭被自我意識束縛的我，

也有被亂七八糟的我，傷害的妹妹。

生而為人，竟能累積這麼多紀錄。

十年前活生生的紀錄讓我害怕了起來。

如果第二個十年過去，
現在的紀錄也會讓我這麼羞恥嗎？

活著活著，似乎留下太多黑歷史了。

如果再過一段時間，這些紀錄會變珍貴嗎？
因為我現在只想銷毀它們。

## 我會成為什麼樣的老奶奶呢？

在工作室姊姊的介紹下，我開始去畫室。

畫室的老師、學生和貓咪尚九都很可愛。

畫室有位一頭美麗銀髮的奶奶。

有一天我和奶奶在聊畫畫，

年輕的時候，我看到很會畫畫的人就很嫉妒，

但是親自畫了之後，才知道真的很辛苦。

了解畫畫是件苦差事後，以後看到出色的畫也不會嫉妒了。

沒錯，我和您的想法也差不多！

奶奶和我應該差了四十幾歲，

好神奇……

但「畫畫的心態」卻無關年紀差距，

我們有類似的感覺，也聊得起來，真的好神奇。

又有一天，我看到奶奶獨自待在放畫具的小房間，

尚九，你說老天爺是怎麼想到要創造你的呢？

邊撫摸尚九邊說。

我觀察著奶奶，

不禁想，日後我會成為什麼樣的老奶奶呢？

看著畫室的仁順奶奶，讓我心裡接連產生敬畏、羞恥、愛慕和尊敬的情感。我問她為什麼畫得這麼認真，她說：「我的時間不多了啊。」只要想起奶奶說這句話的聲音，就讓我感到鼻酸。

2017.01.23.

## 春天的兩個場景

有天我搭公車回家，這時是接近春天的時候。

我打開公車的窗戶，

吹了好一陣子溫暖的風。

下公車後，我在路上

看到一位大叔和一隻西施犬，

他們的樣子看起來好可愛。

感覺那年春天，看到那兩個場景我就滿足了。

## 擅長種迷迭香的人

我真的很喜歡迷迭香。

雖然我想擁有一座種有迷迭香的庭園，

但是實際上我……

連巴掌大的迷迭香花盆也種不好。

我就是這樣的人。

連一株小小的迷迭香，

一株自己喜歡的香草都種不好，

就像我連自己的內心都照顧不好。

真的好傷心。

我在調適自己的心態。
我是誰，喜歡什麼，想做什麼，又討厭做什麼。
慢慢地了解自己，閱讀好書，
看好電影，學開車，也學游泳……
趁機和自己成為好朋友。
在了解這種孤單和寂寞後，
我希望自己能成為待人溫柔的人。

2017.11.06.


我希望自己無論什麼時候，都至少能說出一項
現在所在之處的美。
不論何處，都能馬上發現
自己覺得美的事物。

2017.03.08.

成為「懂得好好過濾、讓自己看起來有很厲害的想法的人。」

我總是非常習慣

懷疑自己的內心。

我的心很累，

我卻忙著和別人比較，把自己逼到死角。

最後，

直到我的心都萎縮、生病了，

我才明白，之前我對自己做的事有多殘忍。

因為憂鬱和絕望已經到了我無法承受的地步，於是我去看了醫生。我的身上夾滿夾子，接受自律神經檢查，可是令人意外的是，數值的結果竟是「正常」。沒想到竟是正常，我好害怕，好像我這麼痛苦，可是那份痛苦卻不被認可，讓我不禁懷疑自己是不是太廢了。會不會我感覺到的憂鬱和絕望根本沒什麼，是我太小題大作了？走出醫院，我和很要好的姊姊通電話，她和我說：「如果妳覺得難過就是難過，何必看人臉色。」這時我才恍然大悟。希望我能成為接受自己的難過和痛苦的人。

2017.12.

接受心理諮商後我才知道的事情之一，

就是我不知道我的感覺如何。

我一直以為我經常檢視自己的內心，

但我說不出來當初的感覺，只有想法。

從那天之後，

如果發現感覺相關字詞，我便努力記下。

因為我想仔細了解自己內心的感覺。

朋友D突然傳訊息給我，
問我能不能講電話，他說：「我有個煩惱，
覺得自己心胸狹窄。」不知道爲什麼，
我覺得朋友勇敢說自己心胸狹窄
好可愛。

2018.03.13.


總有一天，我也能成爲笑容爽朗、
溫暖的人嗎？
成爲無論開心或難過，只需幾句話
就能瀟灑放下的人嗎？

2017.06.04.


我是個不說的話比說出的話更多、
隱藏的喜悅比顯露的喜悅更多、
不願拿出的畫比拿出來的畫更多的人。

2017.08.19.

我的數字概念真的很弱。

我對一切數值化的東西毫無概念。

我連畫畫所需的時間都不知道，就自己接案，

導致時間不夠，經常工作到凌晨，

很快地我的生活就變得一團糟。

沒想到第一次計算作業時間，

所需時間都是我預想時間的三～四倍。

都怪我忽略了正式作業前的準備時間，

還有忘記我的缺點和休息時間這些變數。

最近工作前，我會先估計所需的時間，

但每次我都無言到啞然失笑。

雖然知道後不會馬上有所改變，

但是我正一點一點地改正。

我好像忽略了收集碎片的時間。

我沒有把收集碎片的工作放在眼裡，因為很難說明，所以我總是說成「瞎忙」或「玩掉了」「什麼都沒做」。不過最近如果我沒收集那些碎片，感覺就沒有素材可畫，就好像無話可說？

經過幾次的經驗和領悟，現在我可以有把握地說，我不是在瞎忙或玩樂，我是在收集碎片。而且我也了解到一件事，不能只是收集碎片，既然我決定成為創作人，就必須在收集起來的碎片積灰塵前做出作品，什麼都好。

2018.11.08.

用鉛筆作畫時，我有一個小困擾。

不管我再怎麼用力畫，

就是畫不出很深的顏色。

雖然這是小事，但我卻為此困擾許久。

今天我問了老師，

沒想到畫出深色線條的方法很簡單。

一開始我以為按照學到的方式移動身體會很卡，

但馬上就畫出我一直想畫的深色線條。

太神奇了，於是我在紙張角落畫滿深色線條。

我很喜歡那個角落呢。

雖然沒什麼好炫耀的，也不足掛齒，卻是我的小確幸。

希望人生中還能再多知道幾個如此隱密的幸福。

跑來工作室吃飯的小貓中，

有一隻特別膽小的貓，被我叫做「膽小鬼」。

但是不知從何時起，

就算靠近牠，牠也不會跑掉了。

而且今天牠還在離我很近的地方睡覺。

膽小鬼的轉變，讓我覺得很感謝。

面對只顧著說自己事情的人很累。

他們不關心別人,也不留空隙給人。

但我也一樣,很多時候我只想到自己。

讓人又羞愧又難過。

讀完別人的文章，和人聊天時，
我希望感到羞愧、被戳破，承認「原來我錯了，
我不知道」的時候，比想著「我就知道我是對
的」或「果然我的想法更好」的時候多。雖然要
正面接受讓自己覺得羞愧的事並不容易。

2017.07.25.

昨天我夢到我變回國中生，

而且連當時同班卻不熟的同學也出現了。

夢裡，我們在教室嘻笑吵鬧。

尤其連好朋友的聲音都很真實，

所以當我醒來，朋友的聲音好像仍迴盪在耳邊。

那時候的同學

不知道現在在哪裡，在做什麼呢？

是否也順利成為一位大人了呢？

想到現在已經不用穿制服上學，

就覺得那時就像科幻或奇幻電影一樣。

再也回不去的時光——

（只會越來越長吧？）

我不禁想到，

似乎自己也到了不需要在路邊攤吃魚板時，

突然提心吊膽地數著吃了多少的年紀了。

為什麼心裡會有一股惆悵呢？

這個週末我不斷想到，
可以選擇是否是我的錯的事，比想像中還多。
不完全是我的錯，因爲不熟練，
錯也是在所難免。

2017.03.05.

## 不是我的錯

當我覺得自己背負的人生又苦又累時，

聽到諮商老師這麼說後，

讓我把背上的包袱打開來看，

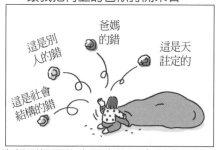

沒想到裡面的東西真的不全是我的錯。

我想成為能夠好好分類

我的錯和不是我的錯的人，

為了不讓活下去的重量太重。

第二個箱子

我決定做得
剛好就好

今天我在畫室

聽完老師說的話後，

讓我興起想好好了解，

自己擁有哪一種顏色

和哪一種影子的形狀，

還有自己的黑暗面。

當我在畫室畫畫時，特別喜歡在畫負空間時改變
視線的感覺。
我把「像用眼睛輕撫繪畫物件的輪廓」這句話寫
在記事本上。

2017.02.01.

怎麼樣都好，我希望讓人明顯看出
我很苦惱、我很辛苦的樣子。
不管是畫裡的一條線，還是句子裡的一個字。

2018.08.08.

## 種下喜悅的人

不久前我在tumblbug上買的圖畫月曆募資成功，

於是我帶著愉快的心情等待。

前幾天送洗的底片也洗出來了，好開心。

這麼看來，我還有一天一篇寄來的散文，

一個月一封寄給我的信，

還有之前預定的機票。

這些事情就像「預先種下的喜悅」。

正當忘得差不多時，便一一開花。

當我知道預先種下的大小事會為我帶來喜悅，

就覺得心裡莫名地滿足。

懂得將種植喜悅的錢另外扣掉，
感覺我也成了稍微成熟的大人。

果然，工作信件

越枯燥越顯得專業。

所以我每次寄工作信件的時候，都會很煩惱用字。

但這次接的工作，

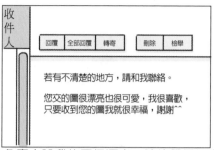

若有不清楚的地方，請和我聯絡。

您交的圖很漂亮也很可愛，我很喜歡，
只要收到您的圖我就很幸福，謝謝^^

遇到的負責人說我的圖很漂亮，讓他覺得很幸福。

這封信讓我驚訝得腦袋裡迸出了許多想法。

我真的很喜歡畫，

也很喜歡漫畫，

也喜歡看故事。

可是當喜歡變成「想做」的那瞬間起，

喜歡的東西就變得好累人。

有一陣子我變得討厭看到自己喜歡的東西，

讓我對這樣的自己感到失望。

然而有一天，我在咖啡廳聽到喜歡的歌曲，

突然領悟到什麼是不累。

果然我也喜歡音樂，也想做音樂。

但仔細想想，想做什麼之中藏了個「好」字。

領悟之後，我覺得很開心。

但是我實在拋棄不了想做好的心，

於是我下定決心做到「剛好」就好。

可是這也不容易呢……

如果畫畫就和我裝飾（布置）自己的家一樣，
我會怎麼設計我自己的房子呢？
家應該要讓我覺得舒服又愉快，
如果爲了給別人看而布置，老是到處和別人的房
子比較，
最後連自己都會討厭回到自己的家。

2018.05.11.


比起做得很好，下次能再做到自己能力所及的
「好」更重要。
不要想著變完美，而是做到「剛好」即可。
下次還能做得到比做到最好，重要多了。

2018.12.22.

## 好的道歉

看到不承認自己的錯，只是不斷狡辯的K，

我下定決心，絕對不要成為那種人。

剛好有朋友提醒了我，

讓我也下定決心絕對不要說「可是」。

但是過了一段時間,我發現

雖然下定決心,卻很難遵守。

為什麼乾脆地道歉這麼難呢?

希望我經常帶著「這也是難免的啊」的想法。
當我覺得某個人說的話和做的事難以理解，
我希望某種程度上，能用「這也是難免的啊」
來看待那些狀況。
如果能用多方想像
那個人「難免如此」的情況。

2017.10.15.


我不希望自己是個以牙還牙的人，
希望對方和我受一樣的傷。
若我克制不住憤怒，最後就會成爲那種人──
讓我心裡感到不舒服。

2017.12.23.

有陣子我老是躺在床上不起來，

每當有人打電話來，

我總是會撒謊。

怕他們對我失望而撒謊，

現在想想，

對什麼都不做的我感到最失望的人，

不是別人，正是我自己吧。

我已經不像以前那樣催促自己
要做這、要做那的了，
因為要承受壓力的人還是我。
取而代之的，或許是我漸漸了解
和自己妥協的方法。
我告訴自己，可以休息幾天，沒問題的。

2016.12.11.


我為什麼會覺得不努力的人生
令人失望又糟糕呢？
就算我不做任何努力，也要愛自己啊。

2017.02.11.

我越來越常捫心自問：「我能成為不錯的人嗎……」

不久前我上了一日裁縫課。

最近

我因為各種煩惱和想法，

內心吵雜不已，

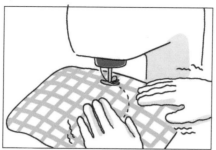
但是在做裁縫的時候，

我的內心沒時間吵鬧了。

那天我很開心學會如何安撫我的內心，
就跟學裁縫一樣。

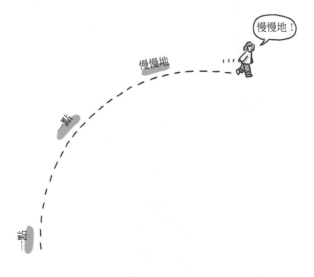

爲了寫今天的文，我正在看昨天的文。
縫東西的時候，如果想縫得牢固，
有個縫法是先往回縫一針，
再往前縫一針。（找了一下，叫做回針縫！）
就像我爲了寫今天的文章，而檢視昨天的文章，
感覺我在做的事也是回針縫。
即使慢，但堅實，
最後我一定會完成。

2018.07.01.

|或許……

只要過完這個月，兩年的手機合約就到期了。

但是昨晚，它突然失去意識了……

沒有手機的夜晚，要做什麼好呢……

沒想到我很快就適應了，

還真有點不知所措呢。

隔天，我馬上跑去維修中心。

其實我昨天搜尋了好一陣子，

查到最後陷入極大的壓力之中。

但是我的手機，

根本沒什麼問題，讓我白擔心了。

走出維修中心後，

我不禁想，或許最近困擾我的事，

全都沒什麼大不了的。

看來很多事情我都先從煩惱開始呢。

在工作桌前，我好像總是在後退。

但如果能稍微退一步，

似乎

就會往前前進一點點。

我的心裡真的發生了小小的變化。
就像什麼都沒有的花盆長出一株小綠芽的感覺。
真的真的很小，如果不仔細看，
根本不知道長出了什麼小小的東西，
乍看之下就像空蕩蕩的花盆。
空花盆和長出綠色小點的花盆，
真的很不一樣。

2018.11.06.

## 漸漸變舊的時間

只要回到老家，就莫名地想去澡堂。

社區有一間我們從小去到大的澡堂，

每次去都會發現它變舊的新痕跡。

每次看到澡堂漸漸變舊的痕跡，

我就會突然察覺到，

我和妹妹的時間也不斷在流逝。

以前的我會說這種話，

其實那是

為了守住最後的自尊心所說的話。

最近我好像可以明白

朋友說這句話的意思了。

讓我產生了這樣的想法。

最近我在找打工。咖啡廳是我想做也符合條件的工作地點，可是沒被錄取。星期三我則是去一間室內高爾夫球場面試櫃檯。回想起來，爲了活下來，我眞是用盡了各種方法。即使回頭看覺得安心，但再轉頭往前看時，又茫然到快窒息，那樣的未來，我不忍直視。不久前我聽說「人必須知道自己一個月至少且確切需要多少錢」，於是我心中抱著一絲希望，以爲知道了就不會如此不安。可是當我眞的計算出金額後，總覺得過去那樣混口飯吃簡直是奇蹟，感覺希望離我越來越遠。我想去畫室、想有工作室、想買很多書、也想學英文、想去旅行，而且我居然還想繼續住在首爾。我明明沒有那個能力，卻緊抓著不想錯過的事，讓我好憂鬱。

在想明年的心願時，我最先想到的是我希望明年可以好好賺錢，雖然好好賺錢不會解決所有的問題。

不安是我的宿疾，我知道不是只有我這樣，但這安慰不了我。我的不安就是屬於我的不安。明年又該怎麼過日子呢？

2016.12.25.

| To. 和廷

整理房間的時候，

我發現了一個箱子，裡面裝著寄給我的信。

雖然我不再像以前一樣一封封打開來看，

但是我還是先打開了箱子，

今天寫在每一封信封上的我的名字特別吸引我。

看著我的名字用不同的筆跡寫成，

總覺得心情有點奇妙。

我的腦海裡浮現他們寫完信後，在信封上寫下我的名字。

每當面對生活中他人對我付出的心意，

我便想著「我要加油，好好地過日子」。

## 每年的遺書

不知從何時起，每當我覺得生活麻木，就會出門遠行。

如果在飛行途中遇到亂流，

我總是會想到死亡。

想到來不及完成的工作，就讓我極度不安。

所以每次降落我都下定決心要留下遺書，

但想起來的時候，我又不知不覺在別架飛機上歷經亂流。

為什麼我總是忘記死亡這件事呢？

出了機場後，我決定每年年初都要寫遺書。

但光是挑選寫遺書的信紙就不容易了。

最後我買了款式簡潔又很多顏色的信紙。

不過寫遺書時，才第一句我就卡關了。

雖然我努力別太煽情，但想說的話也太多了。

寫完反而覺得死亡更可怕了。

雖然害怕，但這一年間我不會忘記我會死，

我想少一點煩惱，更勇敢地活下去。

我會留下幾封遺書呢？

總有一天我也可以寫得很淡然吧。

男朋友說他在遺書裡寫下，其實覺得自己死得很可惜，又說希望自己年復一年地寫遺書，能夠漸漸覺得沒那麼可惜，活著的時候能夠不留遺憾。妹妹則說，她寫的時候想的是，她死後大家在閱讀這封遺書時的樣子。朋友則說希望面對死亡能有自己的態度。幸好，即使我突然死掉，還留了這些東西和活著的人道別。寫遺書時，我想起了小舅舅和外婆。聽說只要想念某個人，那個人的靈魂就不會變得模糊。

2019.01.01.

第三個箱子

我希望能漸漸
成為懂得哭的人

我獨自去家附近的電影院看《可可夜總會》這部動畫片。

一坐下，就發現四周坐的都是小孩。

我以為會無法專心看電影，

但是當電影開始播放，孩子就像被捲入電影中般地專注。

孩子因為骷髏跳舞很有趣而歡呼，

當主角深陷危機，也彷彿身歷其境般激動；

當骷髏爺爺快要消失時，大哭了起來。

尤其坐在我旁邊的孩子哭得特別傷心。

多虧這些孩子坦率、澄淨的情感，

我才能和他們一起哭著把電影看完。走出放映室，

讓我為「有孩子在，完蛋了」這個想法感到羞愧。

看來我成了把孩子的世界忘得一乾二淨的大人。

一直以來我都和比我年紀還大的人在一起，今天第一次參加年紀比我小的人的聚會。回家路上我一直想，聚會期間是不是太裝大人了，心裡很在意，感覺很不好意思。是因為一直以來我都是扮演年紀較小的角色，一聽到人家叫我姊姊，所以感到不知所措、尷尬嗎？本來不想讓年紀小的人感到不舒服的，但是好難啊。為什麼總是不小心擺出了不起的樣子呢？

2018.06.02.

我喜歡把珍貴的畫面珍藏下來，

但從某個時刻起，我的相簿便停留在毫無色彩的狀態。

我想說不過是拍自己喜歡的畫面，

也沒什麼大不了的，

但回想起來，那曾是我最珍貴的一面。

不過這不是我第一次感受到失去自己的樣子，

只能等待它總有一天會回來。

我不想忘記最近的感覺。

空氣被染紅，即將入夜的田野；

在那之前經過的人們；

用鉛筆重重地壓著紙張畫下來的線條；

莫名湧上的情緒；

腳背上來自工作室貓咪的溫暖重量；

隨深呼吸直達心窩的冷空氣。

像是這些感覺。

2017.01.16.

吃飯的時候，要是看到有人幫對方拿掉黏在一起的紫蘇葉，
我就覺得心情很好。因為那是飯桌上的一種溫柔嗎？

| 老人家

來工作室吃飯的貓咪中，

有一隻散發威嚴的貓咪，我們都叫牠「老人家」。

幾天前，老人家看起來不太好，

查了資料，應該是感冒了。

所以我馬上跑去醫院買藥。

剛好不久前做的案子稿費下來，可以放心地買藥。

希望以後賺的錢也能有這份餘裕。

幫老人家換水的時候，我產生了每天幫不常來的流浪貓換水的想法。

2017.02.08.

我開始在心理諮商所當助理工讀生了。早上上班在整理諮商所的時候，突然發現「原來不管哪一間諮商所，都會準備面紙啊」。

今天有一位學生的媽媽從諮商室出來結帳，一手緊緊握著面紙團。

我說我幫您丟，接過了她手上的面紙團，感覺被浸得濕濕的。那時我很想跟她說「上星期我來諮商的時候，也用了兩張面紙呢」，但我忍住了。

2017.03.02.

有天我一如往常結束打工後，

晚上走在回家路上，突然覺得我的生活很奇怪。

為了賺固定薪水而打工，

因為打工，壓縮了個人創作的時間。

一拿到月薪，就拿去繳固定支出，所剩無幾。

那天我格外覺得在自己奔跑在

漫無目的的迴圈中很奇怪。

我住在首爾的理由，

實際上和我一點關係也沒有。

那時甚至發生對我造成巨大傷害的事，

讓我不想繼續在首爾死撐著。

我本來還下定決心不再回到鄉下去，

但我不斷想起爸爸叫我回家的話，

最後我決定結束在首爾的生活。

對我來說，在首爾生活有什麼意義呢？
為什麼我會這麼討厭回鄉下呢？

不知道是不是因爲鐵了心要結束首爾的生活，總想著趕快結束這一切。

不想去工作室，想馬上辭掉打工，就連花了很多心思打理的家，也不再像自己的家了。

看來，死心這件事眞的很可怕。

讓人經常覺得活著好空虛。

好累。

2017.08.25.

## 沒有感覺的日子

有時候我會覺得不管聽什麼歌都沒感覺，

找不到美麗的風景，

白天變長了呢。

覺得沒有特別開心或悲傷，

嗯……乾脆回家吧。

也沒有動力記錄日常生活。

雖然我想好好感受每天的感覺和每一刻，

但是說真的，一點也不容易。

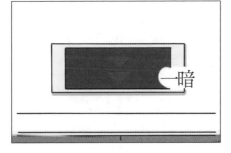

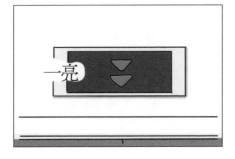

我因為承受不了在首爾所受的內心折磨而回家，

很擔心如果只有我一個人會不會完全崩潰。

可是那些

讓我感到吃力的工作

卻鞭策著我，讓我無暇崩潰，

即使偶爾很累，但也因此我才沒有完全崩潰。

雖然我很害怕這些工作結束後隨之而來的暴風雨，

但……應該會沒事吧……

其實我還有張一拿到合約金就買好的機票呢。

回來浦項後，我的感情每天都在起伏。

不過還是得振作起來，把接下的案子都完成。

為了遵守截稿日而起床，

即使去小房間工作也要換衣服，

也會出門買杯咖啡回家。

本來我因為該做的事倍感壓力，最近反倒是該做的事在維持我的日常秩序。

如果連該做的事都沒了，我會像冬天的落葉，

枯成一團，在地上滾來滾去，

直到散成碎片。

勉強自己坐在書桌前，絞盡腦汁，動手賺錢。用賺來的錢買想穿的連身裙、被子和書，還有喝咖啡、喝酒和去旅行。該做的事和工作正緊緊地抓著最近的我。

2017.10.11.

回到浦項後，我都待在家裡。有一天，

我覺得一整天一語不發，只是埋頭工作的自己，

既孤單又可憐，最後哭了出來。

想到和自己喜歡的人一起享受美食、嬉笑打鬧，

是多麼美好的時光啊。

偏偏那天從首爾寄回來的工作室行李抵達了，

在整理的時候發現朋友送給我的書裡有一封信，

信裡正好就寫著那天我非常需要聽到的話。

結果我又哭了。

我一句話也沒說、什麼事也沒做，只是靜靜地縮起來，

可是我想聽到的安慰是怎麼找到我的呢？

想想真的是又神奇又感謝的事啊。

希望我能夠出現在某個人的夢裡，
在夢裡緊緊地抱著他。

2017.01.18.


最近我在思考「平淡地檢視自己」。
不讓自己太自戀，
也別把自己逼到殘酷的角落。
思考著如何平淡卻溫暖地對待自己。

2017.09.03.

我自己在家工作的時候，

大部分打給我的人都是爸爸。

爸爸是貨車司機，我是插畫家。

明明我們都不知道彼此的工作在做什麼，

但我們每天都會為彼此的工作加油。

小時候我理所當然地認為爸爸是大人，所以要工作，

但最近我有種身為「勞工」，和爸爸躋身同樣地位的感覺。

尤其和爸爸聊工作的時候，

讓我了解到累積好幾年工作經驗的爸爸對工作的態度，

不只是單純知道，而是有所領悟，

即使只是短短一句話，卻讓我印象深刻。

當月租和固定支出減少後，我這才看清自己喜歡什麼、想做什麼。在首爾汲汲營營地苦撐，等到離開後，才發現不再那麼吃力，我才看清自己的狀況，知道自己想以什麼樣子發展下去。

在家的日子我幾乎每天都會和爸爸聊到賺錢的事。過去我總是下意識地覺得用畫畫賺錢是很高尚的事，認為作家、藝術、插畫……這些工作很神聖，但是最近我反而覺得因為畫畫是我可以做的事，可以拿來賺錢的事，沒有什麼高不高尚、神不神聖，只要認真去做，用賺來的錢買自己喜歡的東西，吃自己喜歡吃的東西就好。

和爸爸聊著雖然接下來的工作不會馬上變現，還是要全力以赴，這樣工作才會一個接一個地找上門，收費也要公道，做多少收多少，要遵守案子的時間等話題，讓我感覺我們都是站在同一艘船上的「勞動者」。

妹妹聽著我們的對話，還幫我們取了個標題「自由業者們的對話」。

2017.11.27.

不久前我覺得自己需要一台腳踏車，

所以今天一回家就訂了一台。

以前的我應該會猶豫一整個月，

但現在只要我確定需要，

就會馬上下手。

只要確定就很有自信地買下去，這算是好轉變吧。

最後我還是買了一枝要價一百元的瑞士卡達鉛筆。原本心想：「什麼鉛筆一枝要一百元啊！」但是畫在紙上的感覺太棒了，覺得真的沒買錯。

即使沐浴乳沒用完，還是硬買了一個其他香味的沐浴乳；薄薄的繪本比任何一本很厚的書還貴，還是花了大錢買下來。只要懂其中的意義，就不覺得價格貴了，我想這就是了解價值吧。

2017.05.05.

## 懂得哭的人

我和妹妹一起接受了心理檢測，

我一直以為我很了解她，

但看來並非如此。

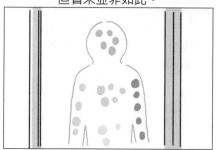

看到我的完成圖，上面畫著

一隻奮力掙扎的鳥，身上掛著難以負擔的翅膀和持有物。

這個樣子，看起來……真的很可憐呢！

為什麼了解自己的狀態這麼難呢？

剛剛諮商師跟我說的話，我聽了差點要哭出來吔。

結束心理檢查後，我和妹妹邊走邊聊。

那就哭啊，為什麼不哭？

我希望

妹妹可以漸漸成為

懂得哭的人。

有一天我去年紀比我小、很熟的朋友家玩，

她的房間很有她的味道。

房裡沒有塞滿時下流行的東西，

而是整個空間都滲透著她獨有的品味和動線。

只要待在那裡，就覺得心平氣和，心情舒暢。

久違的釜山之旅，我獨自在住處開著一盞燈寫日記，讓我再次了解到擁有自己的空間有多重要。幾天前，我在家附近的咖啡廳等咖啡的時候，稍微瀏覽了一本書，裡面有句話：「擁有自己專屬書桌的幸福」。待在家裡的時候，我常覺得哪裡悶悶的，看到這句話我才意識到我需要一個完全屬於自己的書桌和空間。我想再次擁有「屬於我的空間」。因我而開始，因我而結束的空間。

能夠打造屬於自己的空間真的很棒，我相信人越是了解自己，越能創造出自己獨有的空間。自己需要什麼空間元素，了解自己喜歡的事物和喜好，了解自己為什麼喜歡，這樣的人所布置出來的空間就會有他的特色。希望明年我也可以擁有一個空間，讓我認識到「原來我是這樣的人啊」。將那裡不疾不徐地填滿我喜歡的元素，最重要的是有一張堅固、耐用耐看的木頭桌子。

2018.07.13.

一直以來，我都不會在一個地方住太久，

所以即使在路上看到漂亮的東西，

也總是先想到「搬家的時候，這些都是行李啊」。

就算是小東西，也會精打細算，

最後看的只有CP值和實用度，不算是我的品味。

可是回家裡住之後，因為有了穩定的空間，

讓我看到喜歡的東西就會帶回家。

每當我看著隨興帶回來的東西，

我才一點一點、慢慢地了解，

原來這就是我的品味啊。

第四個箱子

又開始吃藥

成了自由業者後，就不須勉強遵守什麼事，

導致每天起床、吃飯、睡覺的時間都不固定，

徹底打壞了日常生活的節奏。

感覺就像獨自留在沒有路的樹叢裡，

每天都在迷路的感覺。

於是我決定打造規律的生活，不能再這樣下去了。

嘗試後，我發現有些事我能遵守，

但也有些事真的很難遵守。

尤其早起，

為什麼這麼困難呢？

於是不久前，我決定和上學的妹妹一起出門。

嘗試一天從一大早開始後，

我發現只有一開始很痛苦。

即使只是嘗試和努力，

就能讓我充滿健康和滿足的感覺，

還獲得了小小的領悟。

雖然有所領悟，卻無法馬上改變，

但我希望這些失敗的日子，有一天能成為我的助力。

先做該做的事是我最近的目標。
這樣做下去，總能完成些什麼。
想做的事和應該做的事，兩者的界線變模糊了。

2017.05.11.


最近我覺得過得踏實好難，尤其早睡早起。踏踏
實實比創造一個新事物還要難上許多呢。

2018.11.17.

這次合作的單位用掛號寄來了合約書，

信封上貼著漂亮的紙膠帶，

合約書也附上了可愛的小紙條。

所以當我寄回其中一份合約時,

我也祭出了貓咪便條紙留下訊息,

貼上漂亮的紙膠帶。

很開心能夠和使用漂亮便條紙和紙膠帶的人一起工作,

就像交換了彼此的誠意和可愛的心意的感覺。

我平常很愛對爸爸碎碎唸。

爸爸最近的話題是把我嫁出去，

這天也毫無例外地，

我的嘮叨越唸越長。

可是這天爸爸

反常地同意我說的話。

我以為征服爸爸的固執，會讓我覺得很痛快，

可是想到爸爸的白頭髮，需要按摩的左膝，和各種藥袋，

心裡便覺得有點酸酸的。

## 不該打開的箱子

我的羞恥之一，

就是常常打開我心裡裝滿討厭的人的箱子。

為什麼我討厭的人這麼多，

而我又為什麼硬是要打開，

連我自己也搞不懂。

心裡有討厭的人真的很累，不但會消耗很多元氣，嚴重時連身體都不舒服。明明想著喜歡的人比想著討厭的人輕鬆，可是我就是做不到。

希望自己多想想喜歡的人，少想討厭的人。不過我是真的討厭想起討厭的人嗎？還是因為我沒辦法真的討厭他們呢？

2018.01.

畫畫賺錢這件事，

讓我經常埋怨自己能力不足，

讓我對未來的不確定總是感到不安。

但是我從來沒有討厭或後悔做這個工作。

編輯告訴我幾年前我的心願。

回想起那些事，

就覺得工作是件奇妙的事。

去小房間上班的路上。

和H姊聊天聊到最後時，
她告訴我我必須成長。
爲了成長我只能
**繼續做自己的東西**。
一直持續地做，
我應該也會做出我的獨創性吧？

2018.01.16.


我不該直接用接到的案子來衡量我的能力。案子
多的時候，覺得自己很有能力而得意；沒有案子
的時候，便感到憂鬱，認爲自己是不是沒用的
人，我的圖是不是很差。我不該忘記，工作多並
不代表我是有能力的人，還有**警惕**自己不要只用
錢來看待接到的案子。

2018.06.20.

我用這段期間認真工作賺到的錢買了MacBook。

爸爸和妹妹在小豬存錢筒上插了鈔票，

我就順勢辦起了一場小祭祀。

還真是搞怪。

── 搞怪的MacBook購買祭

## 那老爸呢？

幾天前爸爸喝了酒回家，

說了我從來沒聽過的話。

平常他只會唸我連錢都不會賺。

爸爸應該也知道,

能做自己想做的事的人生很美好吧。

一直都待在家裡，好久沒去濟州玩了。

住在濟州的朋友們

說要來載我，叫我在機場等。

平安抵達濟州後，我在機場等朋友，

瞬間有種想哭的衝動。

這段時間我好像忘了，

和廷！

哇！

我還有歡迎我、願意來接我的朋友。

妳不累嗎？

嗯！但
我好餓！

先吃
飯吧。

那天我坐在後座看著朋友，

希望日後我也有經常迎接朋友的日子。

聽說我出生的那天下了大雪。

不常下雪的釜山居然下了大雪，所以我很喜歡關
於我出生的說法。總覺得有種在特別的日子出生
的感覺，又或者應該說是我出生的日子很特別嗎？

今天早上我沒想太多就打開玄關門，

發現昨晚悄悄下了一整夜的雪，

突然我冒出了一個想法，

似乎有個神祕存在沒忘了我的生日。

2017.01.13. 生日

我已經領悟很多次，

日常生活中做不到的事，就算逃離也改變不了。

帶著僥倖，我又再次打包了行李。

然後又在這逃亡般的旅途中，

下定決心不再

為了逃避而旅行。

然而，日常生活很快又讓我感到厭倦和煩悶……

當然，我這個旅行狂也有累的時候。

我決定先把棉被換掉，經過一番苦思，

買下了以前就已經看中的被子。

鋪上新被子的夜晚，

我腦海中浮現了不再逃跑的生活。

在濟州島待了一個月，一回到浦項老家，我就把工作的房間和寢室全翻了一遍。只要我去某個地方久待，回來時就能把平常丟不掉的東西清掉。似乎因為我經歷了沒有這些東西也過得很好、沒任何問題的生活，所以當我回家看到這些東西，它們的體積便讓我倍感壓力。

我把每一格抽屜和書櫃裡的東西分成「還想留著」和「沒那麼想留著」兩部分，並進行淘汰賽，雖然默默地整理很耗體力，但這麼做可以讓我感到心情輕鬆。花了三天的時間好不容易把兩個房間的東西整理好，希望總有一天我所擁有的衣服、書和東西，僅有我腦袋能想起的分量就好了。

2018.06.01.

## 不熟悉的事

到現在我對於被拒絕這件事

仍然無法釋懷。

因為手機發出容量不足的警告，
所以我開始整理照片和訊息，
發現這段時間我說了太多話，
也留下太多畫面了。

開始恢復吃藥後，

棒式！
注意呼吸
一、二
……

我一點一點感覺到，

吃飽飯絕對
不要躺下。

對那些想努力做到卻做不到的事，

已經連續
一週白天都出
門了……！

產生了想努力的力量。

當我又拿到處方箋時，我對沒有痊癒的自己感到失望，

可是卻對重新一點一點努力的自己累積信任。

有時候我會反覆好奇，

這小小的藥丸究竟對我的心做了什麼？

最近想法和思緒有些過動，

今天終於把我的精力全都耗盡了。

所以一回到家我就馬上翻冰箱，

接著熬煮湯底，

喀喀喀地切好蘿蔔，

煮了蘿蔔湯。

最近我很好奇「什麼叫做對自己親切？」

我想答案或許就是即使再累，

還是做想吃的東西給自己吧。

支持發懶的自己、不焦慮、就算完蛋了也能笑看
還能完蛋到什麼地步，這些事為什麼這麼難？

家附近有一間兩個老闆經營的咖啡廳，

唯獨在這裡工作比較順利，所以常來。

今天兩位老闆不知道在討論什麼，

在咖啡機前面，看起來像在研究什麼。

這樣看來，這裡的老闆即使沒客人也總是在做事。

和沒有客人就只會看手機的我差太多了。

正當我看著認真研究咖啡的兩位，突然

冒出了「我對我的工作抱持著什麼態度？」的想法。

認真對待自己工作的人的健康氣息，

或許我就是喜歡這點才經常光顧這間咖啡廳吧。

不管做什麼工作，不管那些工作值不值錢，重要的是工作的態度。雖然腦袋清晰又聰明的人能夠完成我想都不敢想的工作也很厲害，但是能夠以確實的態度對待自己工作的人看起來更了不起，而且他們不會說出「大家都是這樣走過來」的話。他們不會說著好像在哪裡聽過的至理名言，而是雖然是笨拙的語言，卻能將自己慢慢領悟的道理表達出來，在那些話背後，以充分的行動和經驗扎根，這樣的人真的很了不起。

2018.12.29.

第五個箱子

沒關係，
一切都沒關係

## 填滿正面的氣息

即使沒什麼事，一週我至少會出門一次，

到附近的咖啡廳。

然後拿出筆記本和筆，

抄寫之前到處蒐集來的好句子，

例如歌詞、聽過的故事、畫底線的段落和他人的想法。

抄寫的同時，心裡也漸漸填滿正面的氣息。

這果然
……

是必須定期
做的事……

有一天我在地鐵站的入口

買了一本大誌。

突然我有了這個想法，

可是大叔對我說了一句話，

讓我羞愧得無地自容。

明明自己連句溫暖的話都說不出來，

還隨便和別人比較幸福，
我對這樣的自己感到失望透頂。

新年一到，我突然對「健康」產生興趣。

剛好工作室的姊姊告訴我馬拉松比賽的事，

所以我決定參賽了。

於是第一次練習跑步的時候，

我才想起來，我是個從不運動、

體力零分的人，

但是我卻無法放棄。

從那天起我每天都出門練跑。

雖然扎實地讓身上長出肌肉很辛苦，

但是我卻漸漸對此感到激動。

最後我平安地跑完第一場馬拉松。

一手托著心愛之人的腰跑步的人。

充滿鼓勵和加油聲的路上。

跑步的人身上健康的氣息。

跑完後，我和姊姊們吃著主辦單位給的零食，

心裡湧上了健康的感覺。

最近我的發洩管道是跑步。不管發生再怎麼讓我
頭痛、心累的事，我都會跑步。只要想著「不管
了，先跑再說」就覺得踏實。真的！跑完之後，
我也幾乎想不起任何煩惱或情緒了。

2018.03.07.

有一天聚會上，

大家聊到一本我不知道的書。

瞬間，我開始煩惱該不該承認我不知道。

不過我很清楚，不知道就說不知道，

反而比較不丟臉，

所以還是鼓起勇氣說了。

就算說自己不知道，明明也沒什麼，

但怪的是，常常覺得很難做到。

## 每次都不一樣

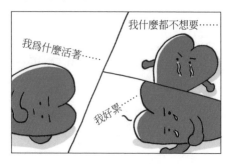

我煩惱過，面對進退兩難的心，

我該催促她好起來呢？

還是相信她，等待她好起來呢？

206

我曾經只是等待恢復，反而變成一灘爛泥，

也曾經因為焦急，使勁地催促自己而跌跤。

因為不知道怎麼面對自己的內心而感到混亂。

有一天我在思考如何明智地保持平衡，

結果沒發生什麼事，我卻找到了答案。

比起明智的態度，

應該先掌握每次的狀況。

這個答案似乎再明白不過了。

| | 是 | 否 |
|---|---|---|
| 你的睡眠充足嗎？ | | |
| 你能夠出門嗎？ | | |
| 你有規律的行程嗎？ | | |
| 你知道什麼事在打擊你嗎？ | | |
| 你的無力感持續一兩天了嗎？ | | |

「否」有三個以上就等待，未滿三個就快上緊發條。

只要去首爾，我總是會挑便宜的住處或住朋友家，

可是這次我想奢侈一番。

於是在找尋滿意的住處一番後，

訂了一間窗外可以看到一間間韓屋屋頂的住處。

幾天後我抵達住處，剛好開始下雪。

夜裡開一罐啤酒來喝，看著下著雪的窗外，

以及在柔軟的床鋪上賴床。雖然在夢寐以求的住處只做這些事，

但這樣我就心滿意足了。

以前想到奢侈，想到的大多是看得到摸得到的東西。

但是沒有形體、不留痕跡，為獨處的時間花錢的

這種奢侈，還真讓人想成為常常奢侈的人呢。

# 這也不安，那也不安

其實我每個月會看一次運勢。

如果運勢不好，

即使不打算相信，還是覺得哪裡不安。

如果運勢很好，

我又害怕這麼好的運勢被懶惰的我給浪費了,

所以我怎麼樣都不安。

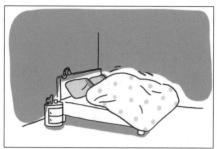

有一天，我把被子拉到頭上蓋著哭，

我的樣子，

嗚嗚嗚⋯⋯

就像在床上挖了個洞窟，跑進去哭一樣。

呼啊⋯⋯

別人應該也曾挖過自己的洞窟吧？

在洞窟裡哭到喘不過氣而爬出來，

然後又裝作若無其事地繼續度日。

想一想便覺得自己的悲傷和寂寞減輕了一些。

整天都沒說話就睡了，起床後工作、睡覺，這樣的生活日復一日。有時候房間一隅的空虛似乎瞪大著眼睛看我，但是我心想這些時候總有一天會過去，然後緊閉雙眼。孤獨看起來有點帥，但是實際上我的孤獨卻窩囊地充斥著寂寞、淒涼。我怎麼好意思說孤獨看起來很帥呢？

和喜歡的人見面聊天，笑聲就像在合唱似的，我們邊吃好吃的東西邊聽歌，我們一起待在同一個空間共度愉快的時光，這是多麼美好的事啊。那時，和某人每天見面，經常擁有這些時光的我不懂，原來那是如此美好的事。

獨自睡覺真是一件奇怪的事。大家是如何在夜裡獨自入睡的呢？爸爸又是如何這麼多年來都是獨自看著天花板入睡的呢？

2017.10.23.

拜訪久違不見的姨婆。

姨嬤家的冰箱上貼滿了照片，

其中也有和我去世的阿嬤一起拍的照。

會不會有一天當我先走了，

妹妹也會這樣看著我們很久以前的合照呢？

看著姨孃，心裡有種說不上來的溫暖。

今天我和好久不見的姊姊見面，

從她那裡聽來一件事。

聽完她說的，

我腦海裡馬上浮現現在在我身邊的人。

讓我的心情變得非常好。

一早起床，發現爸爸在燙我的外套。

我沒有搶著做，只是等爸爸燙完。

爸爸要是沒事，我就會拜託他做飯。

還會叫他載我去坐車，

也會盧他幫我切西瓜，

還會煩他買炸雞，

還會拜託他幫我做我自己就能做的事。

還好，目前我還有很多事

可以倚賴老爸，

希望以後我還有很多事能繼續煩他，

可是以後麻煩他會感到抱歉的事會越來越多吧。

昨天爸爸問我平常早上都幾點起床，我說大概九點左右。結果今天大約早上九點爸爸就打電話來了，他問我在做什麼、吃飯了沒。住在首爾的時候，爸爸偶爾會打來，像轟炸機般地問我問題，那時候我想爸爸也太不了解我了。是因為我不了解爸爸，爸爸也不了解我的關係嗎？

第一次覺得在家除了無法隨意不穿胸罩之外，其他一切都很好。原來這就是家人的溫暖啊。

2017.10.25.

# 什麼時候才說得出口呢？

現在想想，

喜歡我的所有人全都對我說「沒關係」。

只有我沒對自己說沒關係，

所以我想成為也懂得對自己說「沒關係」的人。

對自己說「沒關係」。

成為可以放任自己的不足，對自己的不足負責的大人。

小時候不管我做錯什麼，我都希望媽媽跟我說沒關係。事實上當我長大之後，我也曾想過，如果媽媽那時沒有追究就好了。

那時我想聽媽媽跟我說沒關係，但現在或許我該對自己說了。即使太晚起床，整天什麼都沒做，即使沒有努力畫畫，即使賺不了什麼錢，即使一天沒有努力工作也沒關係。全都沒關係。

2018.02.07.

我真的好喜歡,直接又樸素,

圖文都有明顯個人色彩的作者作品。

我也很想做出這樣的作品,

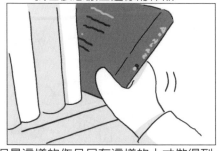

但是這樣的作品只有這樣的人才做得到。

我很清楚模仿別人不是好方法。

雖然不能像別人一樣酷有點傷心，

卻也因為我還不到那程度而充滿希望。

好久沒和Ｓ姊見面了，我們在昌慶宮散步，中途坐在屋簷下東聊西聊。姊姊告訴我的其中一件事是「綜觀效應」（overview effect），它的概念是從宇宙回到地球的太空人感到空虛和人生無常，於是他們反而變得更關心和重視地球環境與人類問題。他們離開飽受各種喧囂的地球，從宇宙回來後卻愛上了這裡。聽著這個故事，讓我想起每次從旅行歸來，在路上總會想著「回去後要更努力地活著」。

2017.09.24.

我經常遺忘日常生活中的珍貴和美好。

所以我常努力地從日常生活中出走。

可是我出走之後，

卻總是會想著，希望回去以後要重新好好生活。

有一天我聽說了關於「綜觀效應」的故事。

每當我回歸日常，都會想起那個故事。

希望有一天我不會再輕易掩蓋活下去的美好。

雖然這並不容易。

我要成爲經常彈出去，
卻又健健康康回家的人。

2017.12.

在寫這本書的時候，我眞的花了很多錢。

因爲不知道要畫些什麼、該怎麼畫，懷疑自己哪能出什麼書，所以合約簽了好幾年始終沒有任何進展，愧疚感如影隨形。

於是每次我都會花錢，只要有空就去旅行，買自己想買的東西，吃自己想吃的東西。（就這樣花錢、徬徨，最後決定用我每天寫的日記集結成書。果然最大的資產還是努力不懈啊！）

尤其在進行原稿作業期間，本來還有把關，但後來乾脆也放掉了，最終我迎來此生最多的信用卡卡費和體重，但是看到書順利地出版，便感到欣慰。反正做了一本不愧對自己的書，那麼就開心接受這些卡費和體重吧。

這期間我也獲得了很多協助。

當我把日記拿出來寫，經常會煩惱「這個故事是不是太個人了？讀者會不會完全沒有共鳴呢？」這時候我就會跑去找妹妹，問她「這個故事妳懂嗎？如何？有共鳴嗎？」聽取她的意見。因為我實在拿太多故事去問她，在進行最後一篇稿子的時候，妹妹還說她的名字也要跟我一起並列作家。在這裡我要向我的妹妹秀晶道謝。

還有謝謝跟妹妹一樣經常幫我看故事、讓我詢問意見的男朋友，和因為上色的時間太趕，像在做自己工作似的熬夜幫我著色的朋友；即使我拖稿，還是願意等我，對我溫馨喊話的屬於自己的房間的編輯部，還有因為我拖稿而忙碌的studio gomin，真的很抱歉也很感謝。

最重要的是，感謝各位讀者願意一字一句看完我個人的日記。

若我的一點真心能夠觸動各位，都是因為各位願意敞開心胸，真心閱讀的關係。

謝謝你們。

K原創 010

我想成為不錯的人
雖然這並不容易

作 者－洪和廷

譯 者－曾晏詩

出版者－大田出版有限公司
台北市一○四四五 中山北路二段二十六巷二號二樓
E-mail｜titan@morningstar.com.tw http://www.titan3.com.tw
編輯部專線｜(02) 2562-1383 傳真：(02) 2581-8761

總 編 輯－莊培園
副總編輯－蔡鳳儀
行政編輯－鄭鈺澐
校 對－黃薇霓／金文蕙

初 刷－二○二○年十月一日 定價：三八○元
三 刷－二○二二年三月一日

購書E-mail｜service@morningstar.com.tw
網路書店｜http://www.morningstar.com.tw（晨星網路書店）
TEL：04-2359-5819# 212 FAX：04-2359-5493
郵政劃撥｜15060393（知己圖書股份有限公司）
印 刷｜上好印刷股份有限公司
國際書碼｜978-986-179-602-4 CIP：192.1/109009873

① 立即送購書優惠券
填回函雙重禮
② 抽獎小禮物

國家圖書館出版品預行編目資料

我想成為不錯的人雖然這並不容易／洪和
廷著；曾晏詩譯．
──初版──臺北市：大田，2020.10
面；公分．──（K原創；010）

ISBN 978-986-179-602-4（平裝）

192.1　　　　　　　　　109009873

쉬운 일은 아니지만（It's Not Easy But）
Copyright © 2019 by 홍화정（Hong Hwajeong, 洪和廷）
All rights reserved.
Complex Chinese Copyright © 2020 by TITAN
PUBLISHING CO., LTD
Complex Chinese translation Copyright is arranged with
Humanist Publishing Group Inc.
through Eric Yang Agency

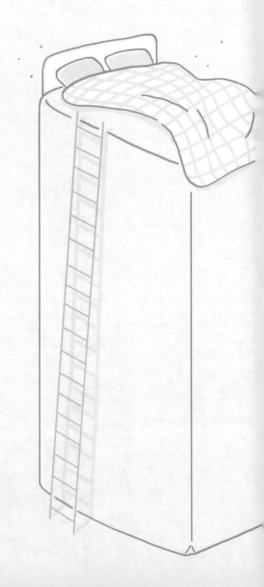